시에세이 027

우병은 시에세이

꽃싸대기

시에세이 **027**

꽃싸대기

초판 1쇄 인쇄 | 2024년 02월 20일
초판 1쇄 발행 | 2024년 02월 25일

지은이 우병은
펴낸이 문정영
펴낸곳 시산맥사
편집주간 김필영
편집위원 신정민 최연수
등록번호 제300-2013-12호
등록일자 2009년 4월 15일
주소 03131 서울특별시 종로구 율곡로 6길 36. 월드오피스텔 1102호
전화 02-764-8722, 010-8894-8722
전자우편 poemmtss@hanmail.net
시산맥카페 http://cafe.daum.net/poemmtss

ISBN 979-11-6243-451-2 (03810) 종이책
ISBN 979-11-6243-452-9 (05810) 전자책

값 12,000원

* 이 책은 전부 또는 일부 내용을 재사용하려면 반드시 저작권자와 시산맥사의 동의를 받아야 합니다.
* 이 책은 교보문고와 연계하여 전자북으로 발간되었습니다.
* 본문 페이지에서 한 연이 첫 번째 행에서 시작될 때에는 〈 표기를 합니다.
* 저자의 의도에 따라 작품의 보조 동사와 합성 명사는 띄어쓰기가 달라질 수 있습니다.

우병은 시에세이

꽃싸대기

글 · 사진 **우병은**

■ 작가의 말

어릴 때부터 남들보다 뒤처지게 자라면서 산골짝에 날아다니는 꾀꼴새 뻐꾹새 소리를 벗 삼아 시어가 떠오르면 마음속에 응얼응얼하는 걸 시로 써서 셋째 형님에게 보여 드렸다가 핀잔만 들었고 두 살 많은 막내 누님으로부터 글 잘 못 쓴다고 또 핀잔 듣고 브라질 이민 가서 틈틈이 글을 써서 현지 한인 신문에 기고하면 신문에 나서 어느 분은 그걸 읽고 찾아와 "글쟁이가 글쟁이를 할 것이지 왜 옷 장사를 하고 있냐?" 하는 핀잔도 듣고 제2의 이민인 미국에 와서 먹고사는데 죽느냐 사느냐 하느라 속으로 응얼응얼하면서도 글을 쓰지 못했습니다.

어느 정도 시간의 여유가 생겨 글을 써서 기고하면 고맙게도 모자라는 시와 에세이를 신문에 실어 주셨고 신문에 난 글과 또 사사로이 쓴 글을 모아 이번에 『꽃싸대기』라는 책을 냅니다. 독자들 즐거이 읽어 주시고 건강하세요.

2024년 초봄, 도빌 우병은

■ 차례

1부

가시덤불	13
강아지 사랑	14
거미줄	16
고목에 핀 꽃	17
고향 동영상	18
꿈속의 부모형제	20
꽃을 먹어 예쁜 사슴	22
고송考松	24
꿈에 본 산하	25
눈물 나는 세찬 바람	26
임을 불러도	28
지혜로운 너	30
늙은이의 벚꽃 놀이	31
농장 사계	32

2부

단풍은 낙원	37
더불어 살자	38
동화 속 호롱불 아이	40
말리부	43
로스앨러모스의 눈	44
명호강 백조	46
매향	48
물 동그라미	50
미국 장마	51
산타클로스	52
송이버섯	54
사슴의 아침 인사	56
신록 장미	57
아침 산토끼	58

3부

날아 간 엽서	63
입국 신고서	64
감사	66
처마 밑 큰 눈	67
축복받은 땅	68
탬파 베이	70
파라오의 향수	71
팔순을 맞고	72
휘파람새	74
고향열차	76
내 고향 봉화	77
연필	78
길	79
갈대	80
졸업 60주년에 부치는 글	82
잊을 수 없는 산 너머	84
우 교장!?	86

4부

십자가 군병	91
가톨릭 브라질에서 개신교가 커가고 있다	98
예수님은 생이지지자	104
꽃싸대기	107
부모님 옆에 나를 묻고 눈물 납니다	109
오징어의 불편한 진실	113
개미 이야기	118
구름 위 험산	121
우병은 조카에게	122
며느리	124
그 맑고 환한 밤중에	126
어머니 생각	128
복숭아 장작	132
나도 나팔수가 될 뻔했다	135
까치밥 이야기	138

1부

가시덤불

아침
산책길에
코를 찌르는
향을 따라가 본다.
양쪽에 찔레 덤불
인동초 덤불
딸기나무 덤불
홍해를 가르듯이
길을 내고
향을 날리니
여기가 기화요초
정녕 낙원이로다

강아지 사랑

파란 눈 호리병 같은
그 여자는 두 마리 강아지를
몰고 와 산책하며
우리 강아지와
입을 부딪치며 키스 뽀뽀를 했다

그 여자와 나는 즐거운 듯
바라보며 웃고
헤어지고

아내는 저 너머 감나무 있는 집이
그 강아지 엄마 집이라고 알려 와

반가움에 아내와 함께
그 여자 집을 찾아가 만났다
우리 둘 다 그때 강아지는
무지개다리를 건너갔는데
그 여자는 우리 강아지 이름을
기억하고 있다

무심한 나는 하늘만 쳐다보았다!

버지니아에서 미국인과 함께 그들의 스마트 폰에 경복궁의 고적대 동영상을 간직하고 있다.

거미줄

여름에 식물은 무성하고
인간과 짐승은 벌거벗고
가을엔 식물은 벌거벗고
인간과 짐승은 뜻뜻하게 입고
오상고절 국화는 피는데
매듭도 없이 한 줄로 엮인
거미집도 오상고절인가
차가운 가을에
거주지로선 호화주택이고
사냥터로선 촘촘하네

고목에 핀 꽃

햇살 좋은 캔 우드 언덕에
사방팔방 늘어선
울퉁불퉁 우람한 벚나무
포토맥강에서 불어오는
따뜻한 바람 받아
나무는 늙고 썩어도
새 가지는 하늘에 퍼졌네
가지마다 꽃은 가득히 피어
푸른 하늘을 덮었는데
누울 자리 없는 벚꽃은
굵은 고목 둥치에 붙어
애잔히도 홀로 피었네
네가 더 예쁘니
너에게 눈이 더 많이 가고
네가 더 사랑스러운 건
네가 핀 자리가
나의 가슴 높이라네

고향 동영상

임인년 검은 호랑이해를 맞은 지
여드렛날에
집안 어르신인 종구 아제께서
고향 동영상을 보내 주셨다

아름다운 우리 고향의 자랑
겨울에도 반송 금강송 푸르고

을지문덕 연개소문을 본받아
호랑이 봉화 땅을 꾹꾹 누르며 걷고

불타버린 나라를 다시 건설하는
왕년의 동맥인 산업철도 영암선
산곡 따라 벋어 있고

예로부터 식견 높은 선비가 많아
정자가 많아 명월로 날듯이 섰고

동영상 보느라 가슴이 따스해
동창문 앞에 봄이 왔는가

밖은 눈 덮인 은백 세계
차가운 겨울일세

1957년 마을 유지 다섯 어른을 고문으로 모시고 20여 명의 마을 청년들이 반송이란 마을 이름에서 송 자를, 당시 복숭아가 많이 나서 도 자를 따 송도회를 창립. 뒷줄 오른쪽에서 두 번째가 동영상을 보내주시고 저에게 도움을 많이 주신 우종구 어른.(사범대 나와 교사 된 지 2년째라서 신선합니다.) 앞줄 오른쪽에서 세 번째가 현재 부총리 겸 경제기획원 장관 최상목 씨 할아버지 최영수 장로님.

꿈속의 부모형제

산들이 열병하는 계곡에
굵은 모래알이 보이는
맑은 물을 시원하게
박차고 걷는다
튕겨 나간 물 위로
그립던 부모형제들이
유령처럼 보여
한 장 찍으려고
작업하는데
그만하라는 소리 없이
잠은 깼고
꿈은 신기루처럼 사라지고
부모형제들이
마음속에 다니신다

꽃을 먹어 예쁜 사슴

눈 맞고 비 맞고
천둥소리에 귀가 열리고
번갯불에 눈뜬
추위에 얼고
더위에 목마르면서
힘껏 자란
붉은 장미와 흰 백합 피어
고마운 꽃밭에
자고 나니 남김없이
꽃을 따갔네
하늘을 바라봐도
들을 바라봐도
꽃은 없고
깊이 남은 발자국을 보고
사슴인 줄 알았네
산책길에 반가이 만나던 사슴
꽃을 먹어 예쁘구나

고송 考松

나무신 고무신 신고 학교 다니던
친구들은 주름지고 백발 되고 늙어
누구신지 알아볼 수 없네
오십 년 만에 고향 가는 길에
물새 울던 논두렁은
학다리처럼 곧고
조 콩 보리 심던 밭은
사과나무로 시야를 가리네
늑대 우는 소리 들리던
붉은 산은 푸르러 젊어지고
고향 가는 길을 찾아 헤매는데
멀리 옛 소나무가 그 자리에 서서
내게 고향길을 알려주네

꿈에 본 산하

옹달샘 맑게 흐르는 물 위에
떠는 가느다란 나뭇가지에
새파란 물총새 한 마리 앉아 있네

맑고 깊은 물을 내려다보며
무얼 찾느라 뚫어지게 보며
급전직하로 몸을 내리꽂네

붕어 하나 꿰차며 팔딱이고
날개가 없는 건지 안보이고
새파란 탄도알이 날아가네

뜸북새 울고 멧비둘기 날고
꾀꼴새 노래에 두견새 소리
노을 떠오르는 조국의 들녘

낮엔 금수강산이 너무 아름답고
밤하늘은 별이 핀 꽃밭이 빛나고
반딧불이와 함께 어둠을 밝히고

어두운 숲속에서 밤새가 울던
우리 조국 산하는 아름다워라
먼 나라에서 꿈엔들 안 보이랴

눈물 나는 세찬 바람

2023년 첫 달 반을
따뜻한 나라 엘에이서
복사꽃을 보며 지내다가 왔다
추운 버지니아 뒤뜰에
매화가 피어 나를 놀라게 했다
맥클린 우리 교회 매화는
붉은 꽃망울만 조롱조롱
어여쁜 설중매는 언제 피려나
문 앞 온도계는 섭씨 영상 4도
세찬 바람에 흔들리는
나무를 보고
두 겹 바지를 입고
낡은 오리털 파카 입고
목도리 두르고
에스키모 모자 쓰고
턱밑을 동여매고
두꺼운 장갑 끼고
벌거벗은 나무 사이로
산책하는데
나무 사이를 뚫고

불어오는 찬 바람에
흐르는 눈물을 장갑으로 닦았다
코산맥 양쪽으로 흐르는
강물은 이전 어느 설움도
이만 못하리

임을 불러도

해와 달 피땀이 합쳐 결실한 철
임 부르는 귀뚜라미 소리에
밤은 깊어 가는데
임 찾아 지르는 처량한 소리에
밤잠은 쫓겨 가고

가을밤 하늘에 별은 높이 떠
지붕 위에 박을 비추는데
임 찾아 울어도
임은 어디에 계신지 아니 오고
멀어만 가는 이놈의 밤잠

지혜로운 너

멀리 바라보고 달리는 차는
가까이 끊어진 다리를 못 보고
떨어진다

멀리 보고 나는 새는
가까이 유리 벽을 못 보고
떨어진다

지혜로운 너는
멀리도 보고
가까이도 보아라

늙은이의 벚꽃 놀이

앙상한 겨울나무
봄 되니 물오르고
용 오르듯 벚꽃 피네

벚꽃 위 푸른 하늘에
구름은 몰래 내려다보고
벚꽃 모르게 지나가고

벚꽃 아래 타이들 호수
벚꽃 올려보느라 떨며
흔들리는 물결

하늘하늘 하늬옷 입은
젊은 선남선녀들이

벚꽃 떨어진 땅 위를
사뿐사뿐 걸으니

너무 아름다워
늙은 마음 훔쳐 가네

농장 사계

봄 되어 새들은 날아와 알 낳고
바람든 봄처녀들이 와서
쑥과 나물 캐서
꼬추장 찍고 묻혀 먹는다

아름다운 꽃은 지고
복숭아 붉게 물들어
복숭아 먹는 맛에 여름처녀들
시끄러운 소리 퍼지며

새들은 가을 하늘 높이 나는데
굵은 배에 가을처녀들은
의심스런 눈으로
저마다 입으로 저울질한다

겨울처녀는 화롯불 옆에 앉아
농장에 아니 오고
눈 내려 하얀 농장은 고요 속에
또다시 봄을 기다리네

2부

단풍은 낙원

푸른 숲속으로 난
회색빛 아스팔트
산책길을 걷노라면
푸른 풀을 뜯어 먹으며
나와 같이 걷는 노오란 친구
한입 뜯어 먹을 때마다
나에게 고개를 끄덕끄덕
우정을 표시하는 친구

가을 되고 단풍 지니
어디로 갔노
나뭇잎도 너를 위하여
노오랗게 보호색이 되네

나의 친구 너는 보이지 않고
천적들은 배고프리니
가을 단풍이 나의 친구
사슴을 위한 낙원이로구나

더불어 살자

흐르는 강물 옆에서
검은 먹이를 쪼는
붉은 불새
힘차게 쪼는 저것이
뭔고
한입 쪼고
뒤로 물러갔다가
또 와서 한입 쪼고
사람 무서워도
먹겠다고 저러니
가까이 가지 마라

이제는 배가 불러
파란 숲속으로
사라지고
먹다 남은 복분자
나도 좋아하는데
너도 좋아하니
색다르고
태생 달라도
흰 구름 하늘 아래
푸른 지구촌에서
우리 더불어 살자

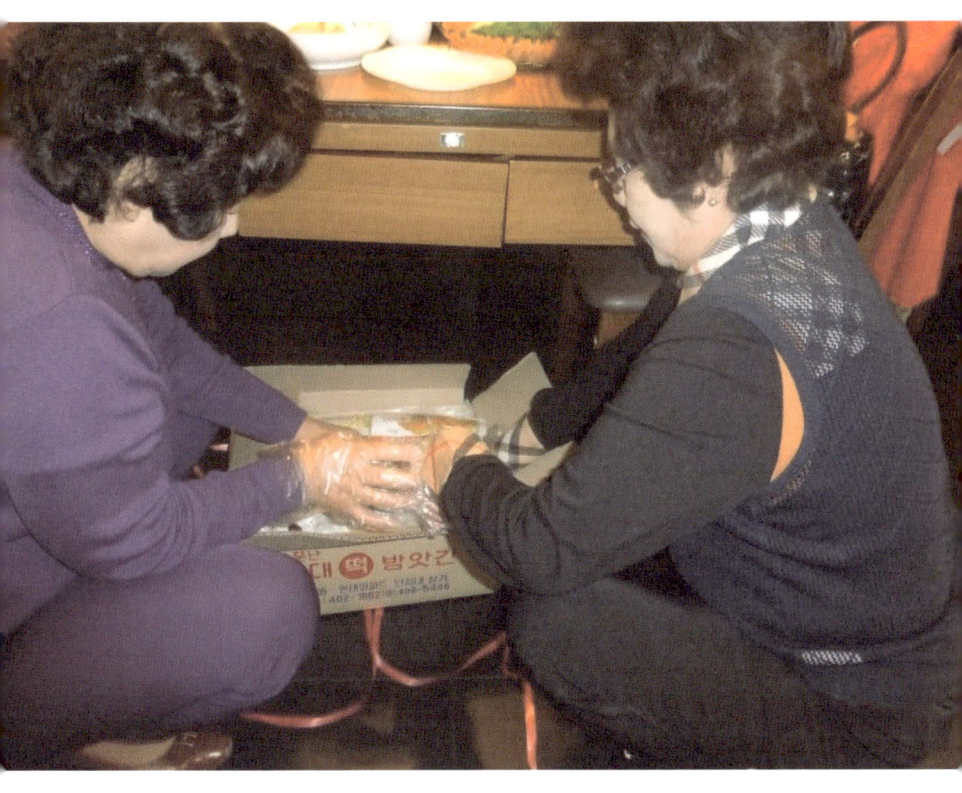

10년 전 한국 갔을 때 동창회에 참석한 저를 위해서 떡을 해오신 김영자 님(오른쪽).

동화 속 호롱불 아이

바람에 흔들리는
호롱불이 추는 춤을 따라
흔들거리며 컸던 아이는
자기 전 입바람 불어 껐다
자면서 오줌 싸고 일어나면
'불장난하면 오줌싼다'고
어메가 말했잖아 하신다

밤마다 산에서
무서운 사람 내려와
위협하니 사람들 죽고 다쳐
읍내로 피신했다

방마다 유리알 속에
불이 밝히니
바람 따라 하늘거리지 않고
어두운 구석이 없어

불장난도 하지 않고
맘껏 뛰놀다가
자기 전 입바람 불어도
유리알 속에 불은

흔들리지도 않는다

어제까지 입바람 불어
호롱불을 껐던
산골 아이는 기이해서
눈을 크게 뜨고 있는 힘
다 해 불어도 유리알 속
불은 꺼지지 않으니
온 가족이 보고 웃느라
소리가 산뺄갱이
총소리만큼 크다

웃고 놀리던 옥고리 누님이
뭣을 만지니 밝은 밤은
캄캄해지고

별 헤는 밤하늘에
별똥별이 날아가고
바람에 이는 잎새 소리에
뭇새들이 날아가고
개구리 소리를 노래로 듣던
산골 초가집에서

호롱불 벗 삼아 놀던
동화 속 아이는
유리알 속에 불이 너무 밝아
은하수와 별똥별과 별이 그립다

말리부

높은 태산 위로 뜨는
벌건 태양은
빠르게 중천에 뜨네
누리를 밝게 비추고
뭇 생명체에
영양소를 내리고
일과를 마친 석양에
태양도 고단해
누런 얼굴이었다가
졸리는 벌건 얼굴은
말리부를 붉게 물들이고
태평양 너머로 자러 가네

로스앨러모스의 눈

이 땅의 주인 인디언은
내 땅 내 나라
아메리카에서

멸족당하고
갈 곳 없는 영혼은
하늘에 떠돌고

육신은 이 땅에
흙이 되고
거름이 되었네

형제자매들이 죽어
산 자는 로스앨러모스
열악지로 내몰려

거름으로 기름진 땅
옥토에서 자라난
자작나무에 새겨진 눈은

눈물 쏟으며 밀린 자와
죄책감 없이 밀어낸 자들
서로 사랑하며 살라고

하늘에 떠도는
영혼이 주시는
인디언의 눈이네

완벽한 눈을 가진 로스앨러모스 자작나무.

명호강 백조

청량산 부리에 막혀
고인 듯 흐르는
명호강 푸른 물에
하얀 백조 날아와
바람에 너울지는
푸른 물 명호강
검은 절벽 위에서
귀농하여 백조처럼
토종대추와 고추 농사
지으며 땀 흘리시는
산촌 맑은 농부와
벗이 되어 거기서
영원히 살어리랏다

매향

새
봄에
푸르른
서부에서
삭풍이 부는
동부 집에 왔다
황량한 겨울 들에
아랫 말서 불어오는
차갑고 시원한 바람이
향기 가득히 품고서 오네
향 따라가니 매화나무 있어
꽃소식 전하러 임을 부르시네

매화꽃나무

물 동그라미

가을바람 차가우니
나뭇잎도 형형색색
늙은 잎은 떨어지며
뱅그르르 돌고 돌아
티 없이 맑은 물에
나비인 양 사뿐히 앉아
일파만파 물 동그라미

겨울 앞에 시린 바람은
정적이 흐르는 숲속에
센바람을 치니 우수수
활개 치며 떨어지는 잎
늙어 가는 가을 얼굴이
무구한 물 위에 겹겹이
일파만파는 물 동그라미

미국 장마

미국 장마에
어디는 토네이도가
마을을 삼켰다

연일 내린 비에
산책길 위 나무는
빗물에 눌려
중압감에 신음하는데

산책길에 배설물은
빗물에 말끔히 씻겨
마음마저 신선하고
컴컴한 숲속 길을 홀로
걸어가기엔 적막한데
친한 짐승들은 보이지 않고
어디서 울음소리 들린다

산타클로스

자원 빈국 대한민국에서 나고
절약 정신을 배우면서 자랐다
자원 부국 미국에서 살면서
풍요로운 나라에서도
아끼며 절약하는 배달민족

크리스마스 리스는 쓰고도
썩지 않아 여러 해 보관했다가
크리스마스 때마다 문 앞에 걸어
해가 갈수록 작아짐을 느꼈다
그래도 멀쩡한 걸 왜 버려

초인종 소리에 문을 여니
방사형으로 빛나는 파란 눈
호리병 같은 예쁜 이웃 여자가
크리스마스 리스를 들고 섰다
어머 하고 소리 지른 나를 위해

작아진 옛 리스를 손수 내리고
신선한 새 리스를 걸어 주시고
'메리 크리스마스' 하고는 쌩하고
가시니 우리 집에도 선물 주시는
산타클로스가 왔다 가셨다

송이버섯

바다 건너 내 고향 산골
들은 누렇게 황금빛 물들고
골짜기마다 푸른 소낭구 아래
송이 올라와 향 퍼지네
아침저녁 밥 짓는 연기 속에
송이가 삶기는 내음 퍼지고
어릴 적 같이 놀던 친구들은
주름진 손으로 송이를 따고
부모 슬하 떠났다가 돌아오는
사랑이 그리운 아해들을 위해
옛날 맛있는 송이밥 짓는다네

송이버섯

사슴의 아침 인사

소슬바람 가을 아침
대쪽 같은 긴 다리와
긴 목을 세우고
산책길 위에 미리 나와
지나가는 길손에게
몇 번이고 머리를 숙이고
꼬리를 흔들며
인사하는 어여쁜 사슴아
다음에 만날 때까지
오늘도 내일도 무탈하고
건강하게 잘 지내렴

신록 장미

백화가 피는 오월
꽃은 각색으로 피는데
잎은 한 가지 녹색으로
시시각각 짙어지고
오월 들어 초파일인
오늘까지 초이일 말고
날마다 단비 내리니
신록이 데리고 온
장마는 백화를 지우네

아침 산토끼

해오름 아래
길과 풀밭을
넘나들며 노는
산토끼 두 마리
어여쁜 너희를
보려고 가까이 가면

할아버지
왜
가까이 오세요
여긴 우리 놀이터
멀리 가 주세요

긴장한
동그란 눈이
편안해질 때까지
뒷걸음으로 물러나
눈으로 너희와
놀았던 즐거운 아침

아침 산토끼

3부

날아 간 엽서

앞으로 난 길과
옆으로 난 길에서
보이지 않는 바람은
보이는 낙엽을 품고 와
회오리 치며 싸워

김연아처럼
트리플 악셀로 돌며
3층 지붕 높이로 오르고
실신한 낙엽은 떨어져
큰 낙엽산을 이루고

한 잎은 하늘 높이
올라 가 보이지 않으니
싸움난 바람을 전별하려고
날아 간 하나의 엽서

입국 신고서

모국이 가까워지면
비행기 안에서
입국 신고서를 받는다

이름 쓰고 주소 쓰고 생년월일 쓰고
연락처 전화번호 쓰고
한국 내 연락처 주소란을 보고

편지로 사랑을 나눴던 구세대가
전화와 이메일 하는 시대인데
비행기 안에서 물어볼 수도 없다

머리를 요리조리 돌려도
서울에 계신 부모님 집 주소
형님 집 주소 누님 집 주소를 모른다

오래 오래전 떠난 고향 멀고 먼
경북 봉화군 상운면 가곡2리
834번지 본적지 주소를 쓴다

시대가 달라지고 모든 걸 잊어도

이름과 생년월일 본적지 주소는
무덤까지 지참하리라

감사

뼈와 살 영혼이 자란 땅을
눈물과 콧물을 삼키며 떠나
낯설고 물선 땅에서 보이는 건
사방이 막혀 모르는 막천지
한순간 한순간 기도하며
지금까지 지내왔으니
하나님께 감사한다

날마다 물욕 명예욕 음욕이
뒤따르고 오른쪽 왼쪽에서도
달려들고 앞에서도 막았는데
죄악으로 출렁이는 홍해를
예수님께서 갈라 주시고
천국으로 인도하신다
예수님께 감사한다

처마 밑 큰 눈

아메리카들소 싸우고 뛰노는
대평원 1,750고지에
"구름에 달 가듯이" 언뜻 보이는
얼굴 길이가 18m라니 놀래라
눈과 눈썹 사이 처마도 넓다
처마 밑에 뜬 눈동자는
전 미국 50개 주를 바라보고
너무 큰 코에 얼굴이 붙어 있다
코가 가는 대로 미국은 건국되고
확장되고 통일과 흑인노예 해방되고
세계에 미국을 위대하게 한
큰바위 얼굴의 처마 밑에
미래를 내다보는 큰 눈이 있다
날마다 달라지는 구름 속에서
미국과 우리를 지켜 본다

축복받은 땅

기후 이변으로 모국은
노아 이래 대홍수를 겪고
산사태와 강물이 넘쳐
울부짖는 탄식 소리 들리고

메릴랜드와 버지니아는
칠월이 다 가도록
적당히 내린 비
적당히 더운 여름

뉴잉글랜드와 펜실베이니아는
슈퍼 호우에
사람과 집이 떠내려가서
아우성치고

남쪽 여러 곳은
40℃ 넘는 고온에
땀범벅이고
숨을 헐떡이는데

건국 아버지들은
좋은 터에 수도를 잡았고

우리도 터를 잘 잡아
하나님께 감사하네

탬파 베이

사철 파란 플로리다는
푸른 물을 쏟아 놓은 바다를
서쪽 옆구리에 두고
따사로운 햇볕이 부드러워
누구든지 와서 살고 싶어 한다
먼지 하나 없는 하늘과
먼지 하나 없는 바다와
한 줄 그은 수평선 위로
하얀 배 하나가 바람에
실려 가는 탬파 베이

파라오의 향수

이집트엔 자랑거리가 많다
나일강 피라밋 클레오파트라
피라밋 주변에 기념품 파는 척
강도질하려는 그들을 떠나
향수 점포 준비된 의자에 앉은
우리에게 파라오의 후예는
향수를 공중에 뿌리고
라이터로 불을 붙이니
재도 없이 화르르 타 없어지고
불이 잘 붙나 안 붙나 보라고
계속 불을 붙여 시연하니
그것도 자랑인가
그럼 향수 뿌린 마눌님 얼굴에
불이라도 붙으면 어쩔 거야
빨간 소방차를 부를 거야
하얀 의사를 부를 거야

팔순을 맞고

내 나이 팔십이 되는 것은
아득한 먼 훗날인 줄 알았다

나도 어느새 팔십이 되어
부모님 사랑을 돌아보고
형님 누님 사랑을 돌아보고
형수님 매형님 돌아보고
귀여운 조카가 내 콧구멍에
오줌 누는 재롱을 돌아보고
아들딸 며느리를 돌아보고
손주들을 돌아보니
복 많은 내가 놀랍다

팔순이 되어
나의 조국 지도를 보니
모국도 팔자로 보이네

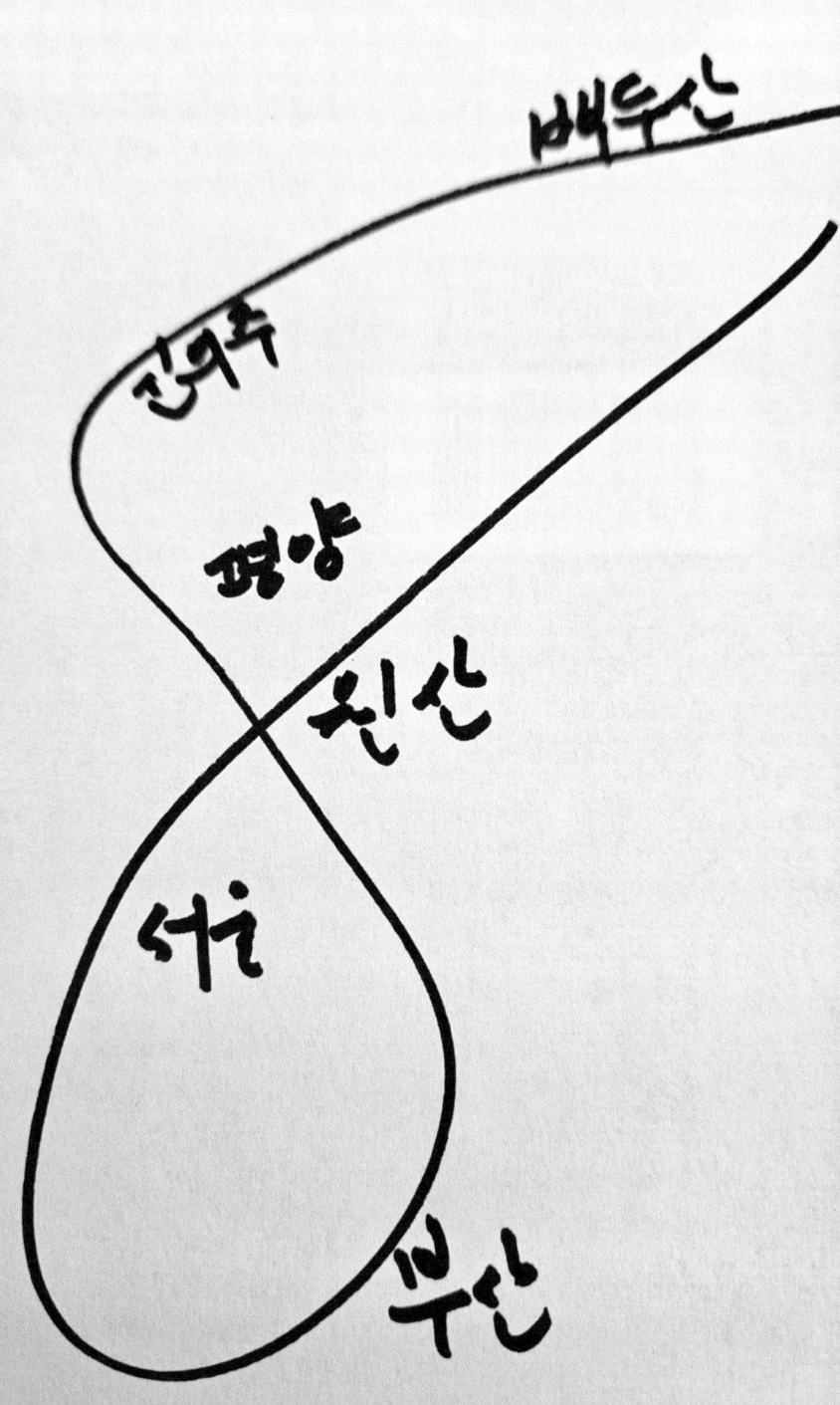

휘파람새

구봉산 아래
논에서 일하시는
어버이 형님 따라
나는 일손 돕는데

휘파람 소리 들려
저기서 누가
좋은 노래로
청아한 휘파람 부나

나무 사이로 보이는
누런 소 두 마리
누가 소를 돌보며
휘파람 맑게 부시나

논갈이해야 하니
소들을 데리러
올라가면 새들이

일하는 소들을
즐겁게 하느라
아래위 오우~

아래위 오우~

소 주변을 뛰고 날며
청아하게 불어 주니
소들 기뻐 논일하네

고향열차

다천 송문용

1
우리 고향 가는 열차는
삼등 무등석 열차
칙칙폭폭 연기 기차

2
그래도 타고 가고 싶은
무등열차
고향이 그리워

　* 다천 송문용 씨는 그의 아버지 송정범 씨가 박정희 대통령 시대 때 주미 한국 대사관 공사셨고 오늘날 대한민국 고속도로의 기틀을 마련하신 도로공사 초대 사장이셨다. 10여 년 전 중앙 Senior에서 처음 만나 뜻밖에 한 고향이라서 반가워 그의 시 몇 수를 허락받고 싣는다.

내 고향 봉화

다천 송문용

내 고향은
경상북도 봉화군 상운면 문촌리 19의 49번지

소백산맥이 태백산맥을 만나고
낙동강이 출발하는
아늑한 곳

청량산 가을 단풍
당도 높은 봉화 능금
송이버섯으로 이름난 명지
신라시대 원효대사 수도한 부석사
김생굴 한생굴
자소봉의 필봉

인심 좋고 어질고
봄 여름
가을 겨울 사시사철
경치 좋아 살기 좋은 곳

그곳이
내 고향
경상북도 봉화군 상운면 문촌

연필

다천 송문용

나는
참 행복해요

내 머리엔
지우개가 있으니

나는 지우개를 믿어요
언제나
내 잘못을 말없이 고쳐주는
고마운 친구예요

어제도
엄마 얼굴을 그리다가
한쪽 눈썹이 길어졌어요
지우개는 금방
물구나무서서 고쳐줬어요

지우개와 나는
천생연분
우리는 우연히 만난 게 아니래요
우리는 영원한 동반자예요

지우개야
사랑한다

길

다천 송문용

걸어온 길
걸어갈 길

삼거리
사거리
길
길
여러 가지 길

그러나
우리 인생이 가는 길은 한 길이다

나는 벌써
먼 길을 걸어왔다
얼마나
더 많은 길을 걸어야 할지

남은 길
멋지게 힘차게 걸어가야겠다

갈대

독보 신휘재

갈대 우는 소리
꽃이 되지 못해
저리도 들판에서 머리 풀고 울고 있나
강가에 흔들리는 흰 손
단풍 들지 않아
노을 붉은색 제 몸에 묻히려
시린 손 내밀어도 보고
은빛 물결 춤추는 몸짓
외로움 견디지 못해
온몸 부벼 하얀 바람 되려
이리도 춤을 출까

누구라도 외로운 사람은 갈대가 되라
작은 바람에도
서로 몸 부대끼며 싸르르 웃는
그 갈대가 되어
살아가는 외로움이
빨갛게 익어가는 가을에
외로우면 보고 싶다 하고
그리우면 사랑한다 하며
서로 보듬고 가자
〈

살아간다는 것은 외로운 것
갈대가 울고 흔들리며
춤추는 것은 외로움 때문이다

* 작자 독보 산휘재 집사님은 2018년 9월에 저와 함께 미국 일주 여행하면서 태평양 해안을 타고 남쪽을 가다가 강한 태평양 바닷바람에 꺾이지 않겠다고 버티는 갈대를 보고 가슴을 저미는 이 시를 지었다.

졸업 60주년에 부치는 글

우종구 교장선생님

　남학생들 나팔바지에 일부러 찢은 모자 모두가 가다(어깨)라고
　으스대던 모습도 한 점의 아름다운 추억이지
　축구부의 최원술 이광복 그리고 고인이 된 남수성 그 외 형들
　날렵하던 김창년 김덕원 벗들의 탁구부 멤버
　명찰에 김서방(金書房)이라고 써 붙이고 어깨를 툭툭 치며
　거드름을 피우던 김무일 친구와 "작은 거인" 멤버들
　그때 강인한 체력과 씩씩하던 기백들 아직도 저렇게 정정하군

　삼단 같은 검은 머리, 두 줄로 곱게 땋아 내리고
　까만 교복에 하얀 깃을 세우고 두서넛이
　낄낄대며 걸어가던 남반 여학생들
　곁에 다가서 말 한마디 건네 보지 못한 이 대장부?
　지금 생각하니 참 부끄럽고 후회스럽습니다.
　홍순복 님, 아름다운 그 소프라노 지금도 녹슬지 않은
　음성 오늘같이 뜻깊은 날 가곡 한 곡 청해 듣고

잠시 회상에 잠기고 싶습니다.

* 위의 시는 집안에 먼 친척 되시는 우종구 교장선생님께서 안동 사범 8회 졸업하셔서서 졸업 60주년 맞아 모인 동창회를 묘사한 시.

잊을 수 없는 산 너머

고 강근창 교장선생

나는 봉화군
상운면을 잊을 수 없다
학창시절 내가
가장 좋아했던
우병기 친구의
고향이기에

지금도 초가집의
우병기 집이
내 눈에 아른거린다
우병기의 모습도

안기동에서
삼 남매가 자취하는 모습도

자취방에 자주도 놀러
갔었다

우종구 교장은
병기와 같은 마을
한마을에 살았다
〈

그런 인연으로
나는 우 교장에게 남달리
정이 흐르더라

우 교장!?

고 강근창 교장선생

옛날 젊은 시절!
병기 누나가
대구에 살고
있다고 하기에

내가 가 볼까
말까 하다가
결국 포기했는데

왜 포기를 했을까?
병기 누나가
나를 보면

울까 싶어서
병기 친구는
정상 생활을
하는데

동생 병기는
정상 생활을
못하기에
〈

내가 그때 병기
누나를 보지 않은 것을
얼마나 후회하고 있는지
자네는 모를 거야??

지금도 몹시 후회한단다

지금도 대구에
살고 있는지??

병기 남동생은
인천에서
무얼 한다지!?

4부

십자가 군병

입으론 예수 예수하고, 찬양도 하고 기도도 하지만 기실 성경 모르고 예수 없는 장로 권사에게 상처받고 하나둘 교인이 사라지고 드디어 영어권인 2세들은 딸린 아기들까지 데리고 나가니 교인 수는 반 이하로 줄었고 한창 경제적으로 활동하는 이들이 나가니 재정수입도 반 이하로 줄었다.

나중 된 자가 먼저 되고 먼저 된 자가 나중 되고. 또 저자에서 아침에 데리고 온 사람과 저녁 일 끝날 때 데리고 온 사람에게 같은 삯을 준 성경을 모르시는지 선배를 모르는 후배를 쫓아내길 당연하다고 여기는 이들을 위임으로 오신 목사님은 오신 지 얼마 되지 않으셔서 상황을 제대로 모르셔서 아무 조치도 안 하시고 또 누가 상처받으면 사라질 것 같아 이러다가 첫사랑이 없어 일곱 개 촛대를 옮겨 나가 교회가 없어진 계시록 (계2 장 1~7절) 현상이 우리 교회에 나타날 것 같고 내가 십자가 군병이 되기로 마음먹고 문제의 장로 권사님을 관찰도 하고 교회에 쓴소리도 했다.

이런 나를 아내인 정권사는 다른 교회로 가자고 수없이 말을 하는데 (갈려면 당신 혼자 가시라, 나는 십자가 군병이 되어 교회에 할 일이 많아 못 가겠다)고 하며 몇 년을 버티는 중이고. 우리 교회 나오시다가 다른 교회로 가신 분은 (우 집사님은 거기서 싸우지 말고 나와요) 하시는데 나는 (우리 교회에 할 일이 많아 못 나갑니다.) 했다. 또 한번은 웬 여자가 내 팔을 걸어 돌려세우더니 (우 집사님은 왜 거기서 싸우고 계세요? 우리 교회로 와요) 하셔서 이분이 누구신데 교회에서 내가 싸움꾼인 줄 아시나? 싶어 뚫어지게 바라보는 데 오래전 우리 교회에서 전도사로 계셨다는 ㅇ 씨라고 하신다. (저는 싸움하는 게 아니고 입으로는 예수 예수 하면서도 예수 없는 장로 권사님이 교회 안에서 설쳐 많은 교인들이 교회를 나가니 저는 십자가 군병으로서 교회에 할 일이 많습니다.)라고 하니 그 여자는 두말도 하지 않고 갔다.

　싸움꾼과 십자가 군병의 다른 점 : 싸움꾼은 비성경 반성경적으로 자기 교만을 위해 좌충우돌 싸우고 십자가 군병은 성경에 쓰여 있는 예수님을 위하여 싸우는 것입니다.

　어느 권사님은 나에게 와서 분한 마음으로 팔을 X자로 표시하며 (우 집사님은 그러면 안 돼요.) 하신다. 나도 성경 모르고 예수 없는 장로 권사에게 교회가 파먹히는 게, 다른 말로 해서 마귀에게 예수님 교회가 파먹

히고 있는데 분한 마음이었던지라 (십자가 군병은 뭐 하는 겁니까?) 하고 소리 질렀다.

예수 있고, 없고 감별법 [예수님을 닮아 자기를 낮추고 남을 사랑하면 예수 있는 거고, 인사받으려고 하고, 자기를 높여주지 않는다고 남에게 안 좋은 말을 하면 예수 없는 겁니다.]

드디어 일이 터졌다. 주일예배에 기도하러 올라간 장로님은 나에게 사자눈을 하고 나를 노려 보고 있어 그러잖아도 예수 없이 기도하고, 예수 없이 찬양하고, 예수 없이 교회를 다스리는 문제의 장로 권사님을 십자가 군병이 되어 지켜 보던 차에 (예물을 제단에 드리려다가 거기서 네 형제에게 원망들을 만한 일이 있는 것이 생각나거든 예물을 제단 앞에 두고 먼저 가서 형제와 화목하고 그 후에 와서 예물을 드려라. 마5장 23-24) 고 하신 성경 말씀에 나는 십자가 군병의 눈으로 바라보니 그 장로님은 강대상에서 안절부절못하셨다. 예수 없는 권사님이 한마디 쏘면 똥이 무서워서 피하나? 더러워서 피하듯이 사자눈으로 쏘면 내가 교회를 나가는 줄 알았나 보다.

이 사실을 동영상을 증거물로 당회에다 제소했다. 당회장이신 목사님께서 답이 오길 예수님이 말씀하시길 2, 3인의 증인을 세우라 했는데 증인이 없어 요건이 안 된다고 하셨다. 요즘 세상에 동영상이 증거물로 많이 이용되는데도 그러하시다니 나는 승복했다. 그렇게 예수님 말씀을 무기로 삼으시면 (나를 믿는 작은 자 중 하나를 실족케 하면 차라리 연자 맷돌이 그 목에 달려서 깊은 바다에 빠뜨려지는 것이 나으니라. 마 18장 6절)은 말씀을 왜 실행하지 않으셨는지 의아했다.

첫사랑이 없어서 일곱 개 촛대를 옮겨 나간 계시록 말씀도 있는데 사랑 없는 장로 권사님을 왜 그냥 두셨는지 모르겠다. 이러니 남들은 편히 앉아 바라보더라도 내가 혼자서라도 성경을 무기로 해서 십자가 군병이 돼서 교회를 지켜야겠다는 사명이다. 어느 증경 장로 권사님이 젊은이들에게 인사 안 한다고 호통치더라는 말을 듣고 증경 장로님 한 분은 한국에 계셔서 대면을 못 했고 한 분을 만나 (젊은 사람들에게 인사하라 하지 마세요. 다른 교회로 간답니다)하니 (인사하지 왜 않냐??) 무슨 문제가 심각한지 심각한 얼굴이 되어 되물으셔서 (장로님이 인사하면 안 됩니까?) 하니 (아! 알았다. 알았다)하셨다. 이방 세계에서 장로 권사에게 인사하는 것을 기독교에서도 원용하셨나 보다. 예수님께서 우리 죄인을 섬기셨듯이 예수님을 본받겠다는 기독교 장로 권사님은 우리를 사랑하는 맘으로 인사하셔야지 이방 세상에서 하는 방식을 교회에서 하려 해서는 아니 되옵니다.

사랑 속에 효가 있고 충이 다 있습니다.

원수를 사랑하라고 하셨으니 나를 미워하는 원수를 사랑하는 본을 장로 권사님이 보여주셔야 한다. 싸움하려는 것, 나쁜 마음 먹어서는 안 되는 거룩한 강대상에 올라가서 사자눈을 하고서 양을 내려다봐서는 예수님의 뜻이 아니다. 너희는 양무리의 본이 돼라.(벧전5장1—4) 본이 좋아야 자동차가 잘 만들어져 나오고, 본이 좋아야 구두가 잘 만들어져 나오듯이 장로 권사님부터 본이 좋아야 우리 교회가 은혜가 넘치고 사랑이 넘치게 된다. 인사받으려고 했던 선대 장로 권사님의 본이 좋지 않아 후대 장로 권사님도 이렇게 됐으니 이전 것은 끊고 새로운 직분자이시길 바란다.

십자가에서 운명하시던 예수님은 장로급인 요한과 권사급인 마리아에게 내 양을 먹이라 하셨는데 문제의 장로 권사님은 새로 오신 형제자매를 돌보시지도 않고 밥도 먼저 먹는다. 앞으로는 그렇지 않겠지만 교회에서 추천받은 안수집사 후보와 역시 추천받아 세워진 장로 후보에게 반대표를 찍으라고 식당으로 학생들을 데리고 가 음식 제공해서 상처 입혀 교회를 나가게 했다. 우리 교회가 사자와 어린 양이 함께 뛰노는 푸른 초장이길(이사야 11장6) 바란다.

다행히도 문제의 그 장로님은 평소에 나에게 인사도 없었고 싸움하려던 나에게 목례를 하셔서 나는 만족했다. 나에게 목례를 했다는 것이 다른 형제자매들에게도 목례는 할 거다, 생각되어서 만족했다.

가톨릭 브라질에서 개신교가 커가고 있다

히오(Rio de Janeiro)에서 세계 제일 크다는 마라카낭 축구장에 제삼 세계의 빌리 그레함이라 불리는 한 브라질 목사의 설교를 들으려고 14만 명의 침례교도들이 모였다. 상파울루에서는 브라질 수호신(Aparecida)을 숭배하기 위한 공휴일을 그만두라고 외치는 한 목사의 설교를 들으려고 5만 명의 오순절 교도들이 시립 축구장을 메웠다.

세계 최대의 인구를 가진 로마가톨릭 국가라는 브라질에 개신교주의 운동이 천천히 폭발하고 있음이 목격되고 있다. 이런 추세는 원주민 출신의 신부에 의하여 가르쳐 줬던 해방신학에 의지하던 것을 버림으로써 불만인 것을 잘 말해준다.

텔레비전 쇼(Television Show)
"우리가 하는 일이 반항하자는 일이 아닙니다. 다만 나라를 위하여 최상의 시민을 만드는 데 있습니다." 침례교의 화나니 목사가 말했다. 화나니 목사는 주간 텔레비전에 나갈 것을 녹화하고 나서 인터뷰를 받고 빌리 그래함 목사를 브라질에 초청해와 123개의 라디오와 텔레비전 방송으로 전국에 방송됐던 것은 브라질을

복음화하는데 고도로 성공했던 방법 중 하나라고 말했다. (역자 주 : 이것을 읽고 역자는 몇 해 전 빌리 그래함 목사가 브라질에 왔을 때 우리 한국인들이 모금을 해서 동시통역했던 것을 잘한 일이라고 생각했다. 그때 한국어로 동시통역해 주시던 목사님은 메릴랜드 빌립보 교회 황문규 원로목사님) 전파를 타고 나가는 화나니 목사의 설교 말씀은 4천만 명의 잠재적인 시청자들이 듣고 있다.

운동(Atletico)
"나는 예수님에게로 개종하고 나서야 축구팀을 만들었다."라고 잘생긴 축구 스타 Joao Leite가 침례교의 새 텔레비전 시리즈에 나온 시청자들에게 말하고 있다. 교회 당국자의 말에 의하면 그 시리즈가 방영되고 나서 불과 몇 달 만에 3천 명의 개종자를 얻었다.

"개신교도들은 급격히 불어나고 있는 브라질 인구수보다 2.5배나 더 늘고 있습니다." 화나니 목사가 말했다. 그가 또 말하기를 "개신교 신도들은 브라질 전인구의 15%를 점하고 있다고 추산하고 그 대부분이 교회에 출석하며 실제로 예배드리고 있다고 생각됩니다.

대조적으로 인구조사는 브라질 국민의 90%가 로마 가톨릭교회에서 세례를 받는다고 기록하고 있지만 전 국민의 20%만이 가톨릭교회에 출석하는 걸로 짐작되고 있습니다."라고 했다.

전국적인 조사(Nationwide Survey)

가톨릭교는 교황 John Paul 2세의 12일 동안의 브라질 방문으로 큰 추진력을 얻었지만, 전국 주교회의(The Catholic National Brazilian Bishop, Conference)는 금년에 전국적인 조사를 하고 개신교가 가톨릭을 잠식해 가며 불어 나가는데 놀랐다. "우리의 연구는 특별히 1970년대에 개신교 종파에 매우 큰 성장을 가져왔음을 발견했다."라고 베 텐 코트(Bettencort) 목사는 인터뷰에서 말했다. 아마존에서부터 해안에 있는 중심지에 이르기까지 전국 방방곡곡에 1950년대와 1960년대 합쳐서 생겨난 교회보다 1970년대에 생겨난 교회가 두 배나 되는 것을 그 연구에서 발견했다.

그런데 가장 큰 교파는 침례교회와 하나님의 성회(Assembly of GOD)이고 다른 교파들도 빠른 속도로

퍼져나가고 있다. 말일성도 예수그리스도 교회는 16만 명의 신자를 갖고 있고 또 동북 지방에서만 한 해에 1만 명의 개종자를 얻었다고 자랑한다. 상 파올로에는 남미 유일의 모르몬교 사원이 있다. 베텐코트 목사 말에 의하면 로마가톨릭 교회는 정치상으로 보다는 구원과 신앙면에 중점을 둬 사회종교프로그램을 만들어서 어떻게 반격 운동을 할 수 있나 고심 중이다. 많은 가톨릭교도와 여기서 일하는 유럽태생 신부들은 북미개신교 선교사들이 브라질 땅에다 종교적이고 문화적인 제국주의를 심으려 한다고 비난하고 있다. 참으로 브라질에 있는 개신교와 가톨릭 선교사들은 확실히 다른 두 개의 세계관을 가르치고 있다.

원인은 가난(Cause of Poverty)

플로리다 대학에서 인류학을 전공하고 있는 리처드 페이스(Richard Pace)는 벨랭의 빈민굴에서 연구했던 가톨릭교회와 오순절교회에 대한 라틴아메리카 사람(Latinamericanist of Pentecostalist and Catholic Church)이라는 글을 대학 평론지에다 썼다. 일반적으로 오순절 교도는 부지런히 일하다가 가난하게 된 사람이고 종교의 가르침에 따라 신앙을 가져보려는 걸로 보였다. 그 교회는 브라질 자본주의의 완벽한 지지자이고 정치적으로는 극단적인 보수주의자이다. 사회의 밑바탕이 돼 있는 가톨릭은 브라질 사람들의 압제적인 현실과 세계정치 경제체제에 대하여 가난한 사람들에게 대대적으로 가르치고 있고 개신교는 가난한 사람들이 압제자에게 대항하도록 맡겨진 좋은 기독교와 혁명적인 종교로서 존재한다고 그는 썼다. 브라질에서 개신교에 대한 차별대우는 길고 오랜 세월이었다고 화나니 목사는 말한다. 참으로 빠른 속도로 커가는 개신교회와 정부 사이에 밀접한 관계임을 그는 자랑했다.

"가톨릭교는 과거의 것으로 되고, 바야흐로 세상은 개신교를 위하여 열렸다."라고 그는 자랑했다.

주 : 브라질 수호신 Aparecida는 고기가 잡히지 않아 고생하던 어부의 그물에 검은 마리아가 걸렸고 많은 고기가 잡혔다는 이야기. 성경에는 일점일획이라도 빼도 안 되고 보태도 안 된다고 돼 있는데 이런 이야기를 브라질 가톨릭은 섬긴다.

위의 글은 1983년 9월 상파울루에서 발행하는 영자지 DAILY POST에 난 것을 저가 번역해서 1개월에 1회 나오는 한인 신문 1983년 10월호 상공회보에 난 걸 옮김.

예수님은 생이지지자

2018년 겨울은 추웠다. 작년 말과 올해 초는 미국 역사상 가장 추웠고 나이아가라 폭포가 얼고 눈이 많이 왔다고 하는데 워싱턴 지역도 북쪽만큼 춥지는 않아도 전례 없이 많이 추웠다고 기상대는 발표했다. 이럴 때 동북 지역 뉴 잉글랜드 지역 뉴햄프셔 지역에서 대학교수로 계시는 S 씨가 오셔서 우리를 유명 레스토랑에 불러 식사를 하면서 많은 이야기를 나눴다. 그중 특이한 이야기는 여기가 하도 추워서 사모님에게 "저기도 춥습니까?" 하고 물으니 그걸 질문이라 합니까? 하시는 듯 "저긴 굉장히 추워요." 깜짝 놀라시듯이 말씀하셨다.

S 교수님께서 예수님은 학교도 못 나오고 공부도 못 했지만, 석가모니는 왕의 아들로 태어나서 29살에 왕궁에서 나와 공부를 많이 해서 여러 가지 박사라고 하셨다. 일국의 나라를 다스리기 위해서 정치, 법률, 경제 심지어 왕의 필수 코스인 무술도 배웠을 것이고 왕이 되어 나라를 다스리다가 한 날 성 밖에 나와 보니 고통으로 신음하는 중생을 보고 왕위를 버리고 삼림에 들어가 피골이 상접하도록 인간의 생로병사에 관해서 공부를 많이 해서 여러 면에서 공부, 연구를 많이 해서 박사가 됐으리라 의심의 여지가 없다.

논어대로 한다면

예수님은 학교도 못 하고 배우지도 못하고 그 많은 진리와 사랑의 말씀을 설파하셨으니 생이지지자상야(生而知之者上也) 나면서 알았으니 1등이요.

석가모니는 삼림에 들어가 공부를 많이 하셔서 그 많은 진리와 자비를 깨닫고 설파하셨으니 학이지지가차야(學而知之者次也) 배워서 알았으니 2등이요.

꽃싸대기

한국에서 몰랐던 발렌틴스데이, 해마다 2월 14일이다. 어느 날 젊은 남녀가 식당에서 특별히 맛있는 거 먹고 손잡고 뽀뽀하는 게 이상해서 알아보니 사랑의 날 발렌틴스데이라고 한다. 나이 많은 사람도 그런다. 그래서 남자는 사랑하는 여자에게 꽃을 선물한다고 해서 나도 아내에게 처음에는 조그마한 꽃을 선물하다가 점점 나이가 들면서 큰 것으로 발전해 왔다. 세탁소에 출근하면서 주인이다 보니 직원보다 먼저 출근하면서 7—11시에 들러 커피와 도넛을 사려는데 꽃이 요란해서 한 다발 사서 집에 가 아직도 자는 아내의 얼굴 앞에 두고 세탁소에 가니 나중에 온 아내는 기분이 하늘에 떠서 "당신이 꽃을 내 앞에 뒀나?" 물어 "그래" 하니까 "고마워" 한다. 해마다 꽃을 사서 자는 아내 앞에 두면 그날은 잔소리도 없고 싸움도 없는 평화의 날이다.

올해(2023)도 화병에 정돈된 커다란 꽃다발을 사서 자는 얼굴 앞에 두자니 화병이 넘어지면 물이 쏟길 것이고 밑에 부엌과 거실을 가르는 Table 위에 뒀다. 위층에서 내려 오는 아내는 화려한 꽃을 보고 만면에 미소를 띠며 "고마워" 한다. 즐거운 시간을 보내다가 위층에 올라가더니 내려와 아무 말 없이 내 발을 이리저리 살피는데 동그란 얼굴에 동그란 눈에다 까망 눈이

특히 돋보여 좋은 꽃을 선물해서 저러나보다고 생각하는데 다른 쪽 발을 보더니 위에 올라가 바닥에 피를 닦으라 한다. "피는 무슨 피? TV에 저거 보고 올라간다." 라고 했는데 지금 빨리 올라가란다. "저거 곧 끝날 거야, 저거 보고 올라갈게." 하니까 화병에 꽂힌 발렌틴스 꽃을 뽑아 귀싸대기를 때리는데 이유가 뭐고 "사람 살려라." 하고 어서 올라갔다. 세탁기 앞 카펫에 바닷가 갈매기 발자국처럼 내 핏자국이 피칠을 해놓았다. 내 발에서 피가 저만큼 흘렀는데도 아프지 않은 게 이상했다. 이제는 나이가 들어 감각도 무디어졌나?

타월을 물에 적셔 굳어질세라 어서 닦는데 아내는 나를 때렸던 꽃싸대기를 다시 화병에 꽂아놓고 다시 올라와 같이 피를 닦았다. 발렌틴스꽃은 사랑의 꽃이기도 하지만 필요에 따라선 꽃싸대기도 된다.

부모님 옆에 나를 묻고 눈물 납니다

  4남 1녀 중 맏할아버지와 막내할아버지는 교육을 받으셨는데 셋째이신 우리 할아버지는 학교는 물론 배우지도 못하시고 결혼하시고 산속에 묘 지켜 주는 집으로 분가 나셔서 쌀을 지고 200리를 걸어 울진 어촌에 가서 팔고 거기서 해산물을 사서 지고 오셔서 팔아 보부상으로 생계를 이어 오시다가 증조할아버지로부터 슬하 4남 1녀가 모두 기독교로 귀의하시고 아버지께서 안동성경학교 재학 중에 선교사가 보여주는 일본의 모범농가라는 활동사진(그때는 영화를 활동사진이라 했다고 함)에 집 주위에 유실수를 심어 자녀들이 고등교육을 받고 잘사는 것을 보시고 복숭아나무를 밭에 심어 아들은 물론이고 딸들까지 안동에 유학 보내 여고를 나오게 하셨다.

  할아버지 계보를 복숭아 동산이란 뜻인 도원파라고 해서 추석 제사는 지내지 않고 추석 지나고 두 번째 토요일에 모여 추도회라는 이름으로 해마다 성묘를 한다. 작년 2019년 코로나19 발생 직전 9월에 모인 성묘 때 50여 명이 모여 성황을 이룬 사진을 보고 나도 죽기 전에 한 번이라도 가봐야 할 건 데 멀리 있다는 핑계로 한 번도 못 가고 고심 끝에 아내와 함께 1년치 머리카락과 손발톱 치아를 모아 손주 이름까지 박힌 평비석을 만들어 2020년 성묘 때 직접 한국에 가져가 부모님 묘 옆에 묻으려고 했다. 2019년 12월에 중국 우한에서 발생한 코로나19로 인해서 온 세계가 걷잡을 수 없이 전염되고 사망자가 쏟아져 나와 각 나라가 국경을 폐쇄하고 설마 가더라도 14일 격리되어야 해서 한국에 갈 수가 없어 나무함을 만들어 머리카락과 돌비석을 넣어 인천에 계시는 막내 형님에게 부쳤다. 형님도 거금의 관세를 지불하고 찾았다. 예방 차원에서 마스크로 입을 가리고 정부 행사는 물론 추석 성묘에도 모이지 못하게 했던 그때 고향에 계신 작은 형님을 모시고 막내 형님은 막내 형수님과 조카 둘을 데리고 선영에 가서서 그해 가을은 가뭄이 얼마나 심했는지 돌처럼 단단한 땅을 파내어 그 나무함 속에 머리카락과 고향을 그리는 시 "반덕재에 눈비 내리면" 시 한 수를 넣어 묻고 위에 평면 돌비석을 놓은 사진을 보내와 그걸 보고 얼마나 울었는지 눈과 입이 퉁퉁 붓도록 울었다.

9남매 중에 막내인데다 청각장애자로 부모님의 아픈 손가락이라서 이민을 올 때 가지 말라고 많이 우셨는데 또 부모님 뵈러 한국에 가면 한국으로 오라고 늘 말씀하셔서 어떻게 가는 방법을 모르다가 아버지 어머니

로부터 받은 육신의 생명을 받은 나는 비록 육신의 극히 일부인 머리카락과 손발톱과 치아지만 부모님 옆에 묻혀 작으나마 흙이 된다는 생각에 눈물이 멈추지 않는다. 우리 후손들도 한국에 가면 여기에 우리 할아버지와 할머니가 묻혔다고 의미를 깊게 새기리라.

한국을 떠나기 전 고덕동 부모님 목장에서 어린 아들(앞)과 어린 딸.(4촌 언니에게 안긴 애기)

오징어의 불편한 진실

우리가 어렸을 때 학교 운동장과 교회 마당에서 즐겁게 놀았던 딱지치기, 땅따먹기, 숨박꼭질, 무궁화꽃이 피었습니다, 구슬치기 등등을 모아 오징어 게임이란 이름으로 영화를 만들어 넷플릭스를 통해 세계를 강타하니 참 기이하고 이상한 세계에 내가 머물고 있는 것 같다.

1963년 여름 친구와 함께 동해 바닷가를 무전 여행하는데 큰 어촌인 주문진 거리에 오후 3시 4시 되니 수많은 남자들이 손에 돔빠라는 번쩍거리는 오징어 낚시를 들고 수백 척의 어선이 정박해 있는 항구로 몰려가는 것이 이상했던 우리는 한 사람을 붙잡고 물으니 솔잎 가지를 위로 세운 듯한 날카로운 철침의 낚시가 여러 개 달려 미끼도 없이 바다에 던져 아래위로 놓았다 당겼다 하면 오징어가 물었을 때 묵직한 느낌이 손에 느껴져 올리면 잡혀 올라온다고 한다. 미끼 없이도 오징어를 잡는다는 말에 혹해 무전 여행자로서 300원이란 거금을 내고 우리는 한 세트씩 샀다.

엔진을 장착한 배는 어부들 중에도 고수들이 차지해 자리가 없어 탈 수가 없고 발동기로 항해하는 배에 올라 오징어가 지나간다는 먼 바다로 나가는데 기존 어부들은 처음 타는 우리들을 알아보시고 저기가 북한이라고 해서 무섭고 겁나는 북한이 바로 저기라니 놀라서 바라봤다. 무서워하는 우리에게 그는 북한에 갔다 오면 살이 이렇게 쪄서 온다고 해서 그게 무슨 말인지 멍한 우리에게 그는 북한이 이렇게 잘 산다고 체제가 우월하다고 선전하기 위해서 잘 먹여 돌려보낸다는 말을 듣고 이해를 했다.

먼 바다로 나가 어딘지도 모르는 곳에 어둠이 깔리니 너도나도 돔빠를 던지는데 뱃멀미에 기운 없이 늘어진 우리도 던졌다. 낚시를 들었다 내렸다 불과 40cm 높이로 움직이는데 묵직한 느낌이 와서 올리니 물 위에 뜨자마자 검은 먹물을 쏘아 올려 우리 얼굴은 완전 검은 흑인 얼굴이고 눈은 하얘 영락없는 흑인이라서 서로 보고 웃으니 입술 뒤에 감춰졌던 이마저 하얗게 드러나 웃느라 오징어는 언제 잡나? 기성 어부들은 요령이 있어 먹물에 검은 얼굴이 없었다.

선장은 잡은 오징어를 한 마리씩 거두어 세련되게 칼로 싸려 우무묵처럼 흰 오징어를 선장이 집에서 마련해온 고추장에 찍어 먹으니 시원하고 싱싱하고 담백하고 세상의 형용사를 다 긁어모아도 제대로 표현 못 하는 맛에 어부가 되고 싶더라. 크리스마스 새벽송 돈다고, 대입 준비한다고 밤늦도록 공부한 적은 있어도 야행성 오징어를 잡는다고 온밤을 새며 애써 본들 멀미도 있어 밤 10시도 못 되어 토하고 널브러져 자는데 선장은 일어나 잡으라고 호통을 쳐도 몸이 일어나 주지 않았다. "아사히 아사히" 동쪽에 구름 속에서 벌겋게 뜨는 해를 보면서 해 뜬다고 일본 말을 하면서 뱃머리를 주문진 쪽으로 돌려 달리면서 각자 잡은 오징어를 거둬 장작불 피워 삶아 숙회로 먹으니 이 또한 세상의 모든 형용사로 맛을 맞출 수가 없다. 우리가 오는 오른쪽 저쯤에 배만 한 검은 고기가 물 위쪽으로 등을 올려 가만히 있어 저게 뭔가 놀라서 바라보는데 고래라고 한다. 요즘 TV로 보이는 고래는 쉴 새 없이 움직이는데 그때 그 고래는 왜 가만히 있었지?

 이러기를 여러 날 하니 선장은 우리의 실력을 알아보시고 더 이상 태워 주지 않아 발동기 배를 타고선 저것은 18세기 배라고 업신여겼던 돛단배를 얻어 탔다. 그때 알았는데 어디에서 뭐가 잡힌다고 하니 저 멀리 남해에서 서해에서 배들이 오고 어부들이 와서 어느 배에 적을 두지 않고 아무 배나 올라타서 3:7 제로 나눠 가지는데 한마디로 유목민 생활이었다. 엔진이나 발동기를 장착한 배의 우두머리를 선장이라 하고 돛단배의 우두머리를 사공이라 하는 걸 그때 처음 알았다. 밀리고 밀려 원시적 배라고 우리가 업신여겼던 돛단배를 타니 어부도 서너 명이고 사공 할아버지는 어떻게 조종하는지 정면에서 바람이 불어오는데 배는 바람을 뚫고 정면으로 날듯이 나아가니 기이하거니와 발동선 배를 며칠 타느라 기계 소리에 심히 두드려 맞은 귀는 돛단배에서 다 풀렸다.

 그때 TV는 없었고 라디오 방송에 태풍 예보가 나오니 모든 배들은 항구에 묶였고 모든 어부들은 방학이 되어 노는데 우리도 여기저기 구경하며 우연히 우체국에 들르니 여러 곳에서 온 사람들이 고향에 계신 부모 형제들에게 안부 전보를 보내는데 그들의 절박한 삶을 고스란히 보았다. 배를 타는 것이 위험한데다 태풍이 분다니 고향에 계신 부모님 근심 걱정이 좀 컸겠나!!! 그때 스마트폰도 없었고 장거리 전화는 어부의 삶에 언감생심이었고 전보 앞에 아수라장이었다. 한 젊은 여자는 오징어가 별로 잡히지 않아 돈을 못 벌었다고 장거리 전화하는 걸 봐서 저쪽에도 잘 사는 집인 것 같은데 수심이 가득한 얼굴로 봐서 많은 빚이 있었거나 혼사와 같은 중대사가 있었던 걸로 보였다.

어디 그늘진 곳에 가니 여자들이 말린 오징어의 쭈글쭈글한 것을 발뒤꿈치로 누르고 두 손으로 잡아당겨 다리미로 다린 것처럼 펴고 넓히게도 하는데 오징어를 저렇게 마무리하는가 하고 경악하며 "오징어 만드는 것 보고 못 먹겠습니다." 하니 "염전에 가봤어요?" 우리에게 물어 "염전은 왜요?" 하니 "염전에 일하는 사람들이 일하다가 오줌 마려우면 소금에다 오줌을 마구 눕니다." 그것도 경악할 일이지만 거기에 있다가 알면 안 되는 진실을 듣기 싫어 어서 그 자리를 떠났다.

이래도 오징어를 먹으렵니까? 이래도 소금을 먹으렵니까? 안 먹으면 어쩔 거야? 지금까지 먹어서 건강하게 살았는데.

개미 이야기

부산에 독성 붉은 개미가 나타나 중장비를 동원해서 두꺼운 아스팔트를 들어내고 찾는다고 무던히도 애쓰고 살충제를 뿌리고 난리가 나서 브라질에서 겪은 개미 이야기를 해보련다. 붉은 개미는 6.25사변 중 농촌에 있는 우리 집 부엌 뒷문 밖에서도 작은형님이 잡아 보여줘서 봤는데 크기는 한국의 토종개미와 같고 토종개미는 검은데 유독 붉은 개미가 한 마리 있었나 보다.

한국에서 남자라면 여름 그늘에 앉아있다 보면 개미가 다리를 타고 올라와 고추, 불알을 물린 경험이 누구라도 있을 거다.

브라질에 이민 가서 낮에는 돌격대식으로 일하고 저녁 먹고 화분에 식물을 키우고 싶어 하시는 권사님을 도와 부드러운 흙이 어디 있는가 봐 놓은 데로 내가 바게쓰 2개 아내가 1개 들고 권사님과 함께 멀리 가서 흙을 담는데 밤이라 보이진 않고 고물 고물거리는 게 개미일 거라 보고 바게쓰 3개에 담아 1km를 넘는 길을 걸어오는데도 온몸에 고물 고물거리는 게 느껴지고 집에 와서 불에 비춰 보니 수백수만 마리 개미가 내 몸에 붙어 기어 다니고 있다. 알고 보니 무릎 높이로 보드라운 흙으로 한라산을 이뤘고 가운데는 백록담처럼 파인 게 흙더미 전체가 개미집이었다.

　이민 선배인 처 외사촌 차를 타고 교외로 달리다 보면 붉은 진흙으로 사람 키보다 크고 굵은 게 송이버섯처럼 올라와 제주도 돌하르방처럼 우리를 보고 섯는데 저게 뭘까 이상하게 바라보는데 개미집이란다. 무릎 높이 보드라운 흙을 화분 흙으로 쓰시겠다는 권사님을 도와드리려고 흙을 퍼 왔더니 수만 마리 개미로부터 습격을 당했던 내가 도자기 굴 비슷한 개미굴이 저렇게 많으면 내가 얼마나 습격을 많이 당할까 겁이 났다. 사실 내가 개미집을 퍼 왔지만 개미 쪽에서 보면 내가 개미집을 습격한 것이다. 그런데 도자기 굴 비슷한 저 개미굴은 개미가 흙을 물어 나르면서 침을 발라 쌓은 거라서 괭이로 부숴도 부서지지 않는다고 한다.

　서울 충현 교회 김창인 목사님이 몇 번 부흥회로 오셔서 부흥회를 하시면 거대한 연합교회에 사람들이 어찌나 많이 모이는지 강대상까지 올라가 앉아 부흥인도하시는 김창인 목사님은 발 디딜 틈도 없었다. 이때 김창인 목사님 하시는 말씀이 "한국에 개미는 땅

굴을 파고 사는데 브라질 개미는 삘띵을 높이 지어 산다."라고 명언을 남기셨다.

구름 위 험산

날틀에서 내려다보면
몽실몽실 하얀 목화를
깔아 놓은 듯 흰 구름이
지상을 가려 눈부시다
구름이 갈라진 강으로
대지와 바다가 또 보이고

멀리 구름이 높이 치솟아
호랑이 놀던 호골산 밑에
범들이 노는 범들이 있고
피라밋 같은 삼각산
히말라야 같은 험산이
하늘 구름 위로 보인다

우병은 조카에게

병은이 잘 계시는가?
반송 우영구일세.
보고 싶네. 보고 싶어.
미국 버지니아에 살고 있다지?
나 영구는 1942년생 한국 나이로
83세일세. 자네보다 한 살 많네.
두 자녀를 두었는가?
왜 그렇게 멀리 가서 사는가?
보고 싶어.
봉화중학교에 반송서 같이 다니던 생각이 나네.
더우나 추우나 학교 다녔지. 병은이.
안동농림고등학교 영구, 나 안동사범학교 다녔잖는가?
나 여기 경기도 여주시에 오래전부터 살고 있네.
지금 2월10일 토요일 밤 9시 40분일세.
답장 줘. 오늘 그만. 안녕!

이 버지니아 부부는 경복궁 고적대 동영상을 갖고 있어 반가웠다.

앞줄 오른쪽이 우병은. 뒷줄 오른쪽이 우영구 아제, 박근혜 대통령 때 민정수석비서관 우병우가 그의 아들.

며느리

지난해 끝 달 중순에 귀엽고 예쁜 며느리를 얻었다. 어찌나 귀여운지 며느리 생각만 하면 내 입가에 저절로 웃음이 돈다.

언젠가 신문을 읽었는데 "며느리는 남편에게 빌붙어 얻어먹고 사는 노예"라는 뜻이라고 쓰여 있는 걸 봤다. 마치 악몽을 꾼 것 같아 영 기분이 나빴다.

나는 내 며느리가 저렇게 사랑스럽고 좋은데 다른 사람들은 나처럼 자기 며느리가 귀엽지도 않고 예쁘지도 않단 말인가, 하며 의문이 생겼다. 며느리를 빌붙어 밥 얻어먹는 노예라니 세상에 모든 시아버지 시어머니들이 들고일어나야 할 것 같다.

같은 난에 마누라는 지고지순한 말이라고 적어 놨다. 마누라에 있는 자음은 그대로 둔 채 모음만 바꿔 며느리라고 한 것 같다.

벌판을 걸어가는 느낌의 마누라보다 시아버지 쪽에서 보면 아들의 마누라가 숲속에서 나온 어여쁜 여자로 느껴지니 어찌 내 마누라처럼 느껴 지나? 며느리라고 어리고 예쁘게 느껴지니 며느리라고 옛 어른들이 이름을 붙였나 보다.

할머니 그림을 감상하는 손주들

그 맑고 환한 밤중에

지난 17일 새벽 2시 반, 출근하려고 마당에 나가니 전날 하루 종일 내린 눈으로 온 세상이 하얗다. 서쪽 하늘에 큰 둥근 달이 밑에 있는 엷은 구름에 비취니 거대한 원을 그리고 휘장처럼 보여 마치 달 위에 떠서 배경처럼 아름답게 보였다. 달 양쪽으로 굵은 흰 구름이 두 줄씩 길게 뻗쳐 줄 사이에 검은 선은 푸른 하늘인 거 같다.

하얀 눈이 덮여 하얀 세상에 하얀 달, 하얀 달빛을 받아 엷은 구름마저 하얗게 비취는 이 아름다운 밤을 만민들과 같이 맞았으면 좋았을 걸 나 혼자만이 맞으니 "그 맑고 환한 밤중에 뭇 천사 내려와/ 그 손에 비파 들고서 다 찬송하기를/ 평강의 왕이 임하니 다 평안하여라/ 그 소란하던 세상이 다 고요하도다." 실이 풀리듯 찬미가 나왔다.

죄로 인하여 고통받는 이 세상 만민을 위하여 영화로우신 보좌를 높은 곳에 두고 있을 곳이 없어 차가운 마구간에 오시고 가장 고통스러운 십자가에 달려 돌아가신 예수님 사랑이 우리 모두에게 느껴지기를 바라는 나에게는 하얀 그 밤이 위대한 밤이었다.

어렸을 때 두 분의 누님이 시집가고 두 분의 형수님이 시집오셔서 성탄 축하 예배에 앞에 나가서 찬미를 불렀는데 사회자가 말하는 9남매가 뭔지 몰랐던 나는 형님들 누님들이 나가자고 해서 앞에 나가 두 줄로 서서 "우리 구주 나신 날 목자 영광 볼 때에"를 불렀는데 유명한 The Sound of Music 영화 속 7남매가 노래 부르는 모습이 우리 9남매가 노래 부르는 모습과 비슷해서 우리도 저렇게 좋았을 때가 있었구나 하고 하나님께 감사드린다.

옅은 구름이 있으면 달 주변에 휘장을 쳐 놓은 듯 아름답다.

어머니 생각

어렸을 때 어머니와 형수님이 지렛대를 눌러 만든 참기름은 고소하고 맛있었다. 들깨와 산추도 같은 방식으로 기름을 만들어 종류대로 병에 넣어 긴 목에 끈을 매서 부엌 벽에 걸어놓고 말 안 듣는 나에게 먹지 말라고 신신 주의를 주셨다. 떡을 만들어 참기름 묻힌 떡이 제일 맛있고 논농사를 많이 해서 벼가 덜 여문 싸래기를 모으면 제법 많아 그것으로 만든 떡에도 참기름 묻히면 맛있었다. 불 위에 솥뚜껑을 뒤집어 올려놓고 종지에 담은 기름을 각진 무우에 묻혀 솥뚜껑 바닥에 문질러 종류대로 만든 부치미도 참기름 묻혀 만든 게 제일이고 비 오는 날과 눈 오는 날 참기름 냄새가 온 집안에서 풍겼고 참기름 부치미는 꿀맛이었다. 꿀도 광안 깊숙이 숨겨 두고 나더러 먹지 말라고 하셨지만 몰래몰래 먹어도 별로 말씀 안 하셨는데 참기름은 어머니 무서워서 못 먹었다.

서울에 올라와 사 먹는 참기름은 참기름이라 할 수 없을 정도로 식용유를 섞은 가짜 참기름이었다. 이민 와서 참기름이 많아 얼마든지 사 먹는데 옛날 집에서 만들어 먹던 참기름처럼 고소하지 않지만 브라질 사람들은 참기름 냄새를 뒷간 냄새보다 더 악취로 여겼다.

밥 먹을 때 병뚜껑만 열면 같이 밥 먹던 가정부가 코를 틀어막고 멀리 문밖에 나가 있다가 우리가 다 먹고 나서 들어 왔다. 심지어 눈물을 흘리며 울기도 했다. 그래도 우리에겐 참기름이니까 계속 사 먹었다. 우리도 Clientro(고수)라는 미나리 비슷하고 냄새 많이 나는 채소를 피했고 그걸 먹는 사람 몸에서 냄새가 많이 나 사람도 피했다. 그런데도 그들은 가게에서 파는 걸 생으로 마구 뜯어 먹는다.

지난해 마지막 7일을 아들, 며느리, 손주들과 LA에서 온 딸과 우리 둘은 플로리다 올랜도에 있는 디즈니랜드에서 즐기고 초호화 디즈니 크루즈를 타고 카리브 바다에서 뜨는 해와 지는 해를 즐기고 다시 올랜도로 와서 Venice of America라는 울울창창한 숲속에 난 물길을 따라 20인승 유람선을 타고 지나는데 어디서 왔는지 꽃은 지나가는 사람의 눈을 홀리고 흰 백로는 어디서 멋을 배웠는지 한 다리 들고 서 있는 품새가 "저 새가 왜 저리 멋을 부리지?" 하고 눈을 끈다.

이제는 일식당에 들어가 메뉴판을 보는데 중간에 비빔밥이라는 글자가 보여 화들짝 놀라 주문했다. 겨울

인데도 사철 푸르고 꽃이 만발한 곳이라서 채소가 싱싱하고 고명으로 올린 달걀이 황홀해 금방 손이 올라가 말아 비벼 먹는데 뒤늦게 고추장을 갖다줘 또 한 번 더 비벼 먹으니 입속이 벌겋게 맵다. 그 비빔밥을 비벼서 맛있게 먹고 나니 뭔가 빠진 게 떠 오른다. 참기름이었다. 필수품인 참기름도 없이 먹고 나니 나더러 먹지 말라고 하시던 어머님이 그리워진다.

우리 가족의 완성체.

플로리다 올랜도에 흰백로.

어머님이 주신 패랭이, 어버이날 나의 가슴에 꽃 달아 주시는 듯 핀다.

복숭아 장작

복숭아는 모양도 좋고 색도 좋고 예쁘고 향도 좋고 맛도 좋다. 그래서 예쁘고 잘생긴 남자나 여자를 복숭아 같다고 하나 보다. 그런데 나뭇가지와 잎을 씹으면 맛과 냄새가 고약하다. 장작으로 불을 피우면 연기에서 나는 냄새가 고약하고 눈물이 난다. 그래서 복숭아나무를 심으면 뱀이 오지 않는다는 맹랑한 소리가 있나 보다.

수백 그루의 복상나무를 심은 과수원 옆에 앞이 보이지 않을 정도의 굵은 소나무가 있었다. 그런 소나무로 장작을 하지 않고 복숭아나무가 늙어 고사목이 되면 베어다 장작을 했다.

6.25사변 때 피란 온 사람들이 양식이 없어 우리 산에 소나무를 베어 껍질을 벗겨 가도 절박한 그들을 봐줬다. 껍질을 벗겨 낸 나무들은 굵어 기둥감이라서 장작으로 만들지 않고 쌓아서 덮어 뒀다.

중학교 1학년 때 학교에서 장작을 가져오라 해서 체육 시간에 운동장에 도열해 체육 선생님의 가르침을 듣고 있는데 소 등에 복숭아나무 장작을 가득히 싣고 아버지 어머니께서 우리 앞을 지나시면서 나를 보고 반갑게 웃으셔, 체육 선생님은 무슨 일인가 싶어 뒤돌아보시고 나를 보시면서 선생님도 웃으셨다. 교실에서 수업 중인 누님이 뛰어나와서 아버지 어머니를 장작 집하장으로 모시고 갔다. 아버지 어머니는 나가시면서도 나를 보고 기뻐 웃으셨다.

　다음날 난로에 우리 복숭아 장작을 태워 연기가 밖으로 나가는데도 고약한 냄새가 교실에 퍼졌고 학교 전체에 퍼졌다. 그 당시 사과는 물론 복숭아 과수원을 좀처럼 보기 어려운 때라서 복숭아 장작에서 나는 냄새를 나 말고 누구도 알아채지 못했다. 그렇다고 저거 우리가 가져온 거라고 말도 하지 않았고 모르길 바랐다.

나도 나팔수가 될 뻔했다

학교 다닐 때 청각장애자로 공부를 잘못했지만 설마 필기시험에 된다 해도 면접시험 볼 때는 선생님의 묻는 말을 듣질 못해 중학교 입학시험에 떨어졌다. 다행히 지원자가 모자라 합격자 명단 제일 끝에 내 이름이 붙었는데 붓으로 쓴 필체가 다른 합격자들과 달랐다. 지원자도 모자라는데 한 사람이라도 더 합격시키고자 마지못해 이름을 올렸나 보다. 중학교 다니면서 공부를 하니 50명이 넘는 우리 반에서 내 석차가 23등이었다. 귀가 어두워 하마터면 중학교에 들어 가지도 못 할 뻔했던 내가 23등이라니 30명 넘는 학생들이 나보다 공부를 더 못했단 말인가? 통신표를 받아 보고 나도 놀랐다. 더욱 놀란 것은 그해 멜버른 올림픽에서 우리 한국이 23등을 했다. 나중에 다시 계산하니 27등이 됐지만 처음엔 23등이라고 신문에 났다.

3년 중학교를 마치고 고등학교 가는데 면접에 또 낙방하지나 않을까 봐 지원자가 모자라는 안동 농림고등학교에 지원해 여기서는 속 시원히 합격했다. 입학하고서 공부를 잘해야겠다는 생각에 열심히 했는데 난데없이 악기부에서 내게 물어보지도 않고 붙잡아 가서 큰 방티이(대야)만 한 악기를 나에게 들려주고는 다른 악기들이 음악 할 때 북 북 불면 된다고 해서 그렇게 불었다. 트럼펫처럼 조그마하면서도 손가락 3개를 눌러 7음계 이상을 내는 것이 이상하다 했더니 그때 보고 알았고 트롬본은 한쪽 팔을 멀리 밀어 음계를 내니 그것도 멋있었다.

공부를 잘해야겠다는 강박관념에 매일 매일 나팔 불기 위해 가자니 고민이 아닐 수 없었다. 음악을 좋아하지만, 청각장애자로 음역을 맞추기도 어렵고 악기부를 못 하겠다고 하니 "왜 그러냐? 키 크고 멋있는데 계속해"라고 상급생이 말하는데 거역 못 하고 했다. 키 크고 멋있다는 말에 악기부를 떠날 마음이 사라져 계속하다 보니 행사가 있으면 수업 시간에도 불려 나가 멀리 떨어져 나팔을 불었다. 그러잖아도 공부를 따라가기 어려운 청각장애자인데 이번엔 키 크고 멋있다는 감언이설에 넘어가지 않고 두 달 만에 탈퇴했다. 그때는 공부해야겠다는 강박관념에 악기부를 벗어났지만, 옛날 이봉조 음악인이나 지금 김근진 장로님이 색소폰을 부시는 걸 보면 몹시 부럽다. 공부도 잘하고 나팔도 부는 두 마리 토끼는커녕 반 마리 토끼도 못 잡았다.

까치밥 이야기

옛날 사람들 마음이 너그러워 새들 먹으라고 감 몇 개를 남겨놓아 까치밥으로 삼았다고 한다. 1940년대에 태어나서 1950년대에 성장한 소년 시대를 보내고 1960년대에 청년기 즉 대한민국이 지독히 가난한 시절을 보낸 나는 새 먹으라고 감 몇 개를 남겨놓았다는 이야기가 도무지 이해되지 않았다.

귀농하셔서 토종 대추 농사를 하시는 분에게 "옛날에 새를 위해서 감 몇 개를 남겨놓았다는 말이 사실입니까?"하고 물으니 그럴 리 없다고 하셨다. 또 옛날 사대부 집이고 심산 김창숙옹(성주로 양자 가셔서 성주 사람으로 알려졌지만 본시 봉화 출신)이 파리 독립 청원서를 숨어서 몰래 썼다는 봉화 만회 고택을 지키고 있는 종손이 집 주변에 화려한 꽃을 심어 옛 고택을 아름답게 하고 있어 "옛날 같으면 손톱만 한 땅이 있어도 고추, 가지를 심었지, 이렇게 꽃을 심지 못했을 겁니다." 하니 그 사대부 종손도 그렇다고 한다.

지난 14일 한국일보에 난 최수진 님의 "까치밥" 글에서 밭에 콩을 뿌릴 때 그 자리에 세 알씩 뿌려 하나는 새에게 또 하나는 벌레에게 나머지 하나는 싹 틔워 사람이 먹었다고 한다. 우리 어머님께서 밭에 콩을 심고 무사히 나기를 바랐는데 꿩이 파헤쳐 먹고 용케도 난 건 노루가 잘라 먹고 피눈물 흘리시면서 새와 짐승에게 빼앗긴 걸 다시 심었는데 농사짓는 당사자의 마음은 모르고 수사학적으로 표현하니 문학이 이래서 좋다.

 배고프던 시절 쌀 한 톨이 귀하고 산에 올라가 머루 다래는 새가 먼저 먹었는지 없고 풀뿌리 캐 먹고 나무 껍질 벗겨 먹던 시절 누가 마음이 넓어 까치가 먹으라고 까치밥을 남기겠나? 요즘 육종 기술이 좋아 나무의 키를 작게 만들어 사람이 선 채로 열매를 딸 수도 있고 나무가 좀 크다 싶으면 가벼운 알루미늄 사다리 타고 올라가 따지만, 옛날 감나무는 키가 너무 커 나무에 올라가서 달이라도 딸 수 있는 긴 장대로도 못 따고 내려와 결국 까치와 새들이 먹었다.

 이걸 문학적인 수사로 새가 먹으라고 남겨놓은 까치밥이라 한다. 육종 기술이 좋아 나무 키를 작게 만들고, 금속 기술이 좋아 알루미늄으로 사다리와 장대를 길고 가볍게 만들고 또 농업 기술이 좋아, 한 포트에 씨 하나 심어 한 개가 난 고추묘를 사다 심는 시대다.

그 당시 인간의 능력으로 못 따서 버려진 감이지 까치가 먹으라고 남겨진 감이 아니었다. 콩을 심어 새와 벌레에게 도둑맞은 거지 새와 벌레에게 자비를 베풀기엔 옛날 사람들은 너무 가난했다.